ÁLBUM DO BEBÊ

Finalmente cheguei

Texto de Tea Orsi
Ilustrações de Elisa Paganelli
Projeto gráfico de Stefania Merenda

Manole

Título original em italiano: *Baby album: Alla fine arrivo io*

www.deaplanetalibri.it
Texto: Tea Orsi
Ilustrações: Elisa Paganelli
Projeto gráfico: Stefania Merenda

Esta publicação contempla as regras do Novo Acordo Ortográfico da Língua Portuguesa.

Editora-gestora: Sônia Midori Fujiyoshi
Produção editorial: Cláudia Lahr Tetzlaff
Tradução: Natália Amorim Coltri Aguilar

Catalogado no Sindicato Nacional dos Editores de Livros, RJ
Leandra Felix da Cruz - Bibliotecária - CRB-7/6135

ISBN: 9788520457320 (menina)
ISBN: 9788520457313 (menino)

Edição brasileira - 2018

Direitos em língua portuguesa adquiridos pela:
Editora Manole Ltda.
Av. Ceci, 672 - Tamboré - 06460-120 - Barueri - SP - Brasil
Fone: (11) 4196-6000 | www.manole.com.br | info@manole.com.br

Impresso na China
Printed in China

Este livro pertence a

....

e é cheio de momentos especiais!

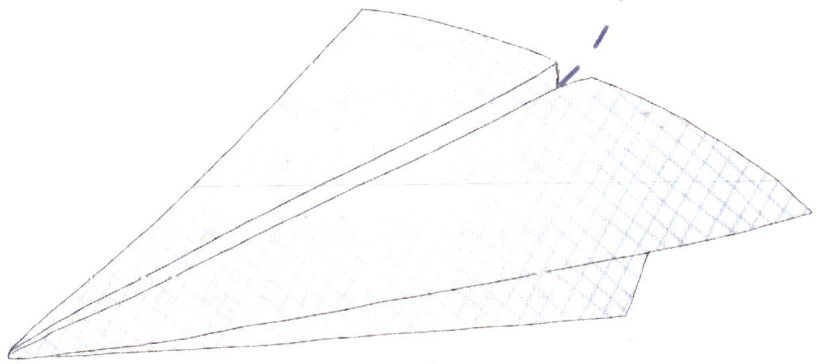

Envelope de lembranças felizes

Que notícia!

Parecia um dia como todos os outros, mas vocês descobriram que seriam mamãe e papai! Fiz uma surpresa, não?

Mamãe soube que me esperava em

....

Como mamãe contou para o papai?

Contou assim também para

Vocês comemoraram assim

O nosso primeiro encontro

Foi no dia

....

Eu era do tamanho de um feijão, mas vocês sabiam que eu já estava ali, crescendo na barriga da mamãe.

COLAR MEU PRIMEIRO ULTRASSOM

Olha eu aqui! Mas como vocês faziam para me ver?

Meu coraçãozinho
batia forte?

....

....

Como vocês se sentiram?

....

....

....

....

Eu não conseguia
vê-los, mas já
sentia todo
o amor
de vocês.

Nove meses emocionantes

Depois de nos vermos pela primeira vez, tivemos que esperar um pouco antes de nos conhecermos de verdade, mas vocês tiveram tempo de se preparar para me receber.

No dia

....

vocês descobriram que eu era

MENINA

MENINO

Vocês estavam indecisos entre estes nomes

1 ....

2 ....

3 ....

4 ....

5 ....

6 ....

7 ....

8 ....

9 ....

10 ....

1 ....

2 ....

3 ....

4 ....

5 ....

6 ....

7 ....

8 ....

9 ....

10 ....

Crescendo juntos

Colar as fotos dos meus nove meses na barriga da mamãe e escrever as lembranças mais importantes.

COLAR UMA FOTO

1º Mês

COLAR UMA FOTO

2º Mês

COLAR UMA FOTO

COLAR UMA FOTO

4° Mês

3° Mês

COLAR UMA FOTO

5° Mês

COLAR UMA FOTO

6° Mês

COLAR UMA FOTO

COLAR UMA FOTO

7º Mês

8º Mês

Chegou o nono mês!

E aqui estamos! Mamãe e eu crescemos até o ponto certo e não víamos a hora de darmos nosso primeiro abraço.

COLAR UMA FOTO DO BARRIGÃO

Nas próximas fotos, finalmente poderão me ver pessoalmente!

9° Mês

Estou para nascer!

Não sei muito desse dia. Bem, digamos que eu não entendia direito para onde estava indo e por que devia sair do meu ninho quentinho. Vocês se lembram? Contem um pouco para mim...

....

....

....

....

....

....

....

....

....

....

....

....

Cheguei!

Viva! Depois de tanta espera estou finalmente nos seus braços!

COLAR NOSSA PRIMEIRA
FOTO JUNTOS

Agora somos uma família maravilhosa!

Eu nasci

No dia

....

Às

....

Media

....

Pesava

....

Meu nome é

....

Chorei quando nasci?

....

Minhas primeiras fotos

Eu ainda estava no hospital com a mamãe e não sabia direito o que estava acontecendo comigo. Gosto desse novo mundo, mas foi uma grande mudança!

COLAR MEUS PRIMEIROS CLIQUES

COLAR MEUS PRIMEIROS CLIQUES

Momentos únicos!

....

....

....

....

COLAR MEUS PRIMEIROS CLIQUES

Mamando!

Na barriga, eu podia comer quando queria, mas aqui fora eu tive que aprender a chorar para mostrar a vocês quando tenho fome. Que fadiga!

Primeira vez que eu mamei!

COLAR UMA FOTO DA PRIMEIRA MAMADA

Quanto eu mamava?

Eu chorava muito?

Mamava somente o leite da mamãe ou precisei de complemento?

Todos em casa!

Finalmente, depois de alguns dias, voltamos para casa juntos e estava tudo pronto para me receber!

Meu primeiro dia em casa foi

....

O meu berço era

....
....
....
....
....

No meu quarto tinha

....

....

....

COLAR UMA FOTO DO MEU QUARTO

Uau!
É lindo
mesmo!

Viva os avós!

Todos me acolheram com afeto, e logo percebi que o carinho dos avós aquecem o coração.

Aqui estou com

....

....

....

....

....

COLAR UMA FOTO MINHA COM
OS AVÓS PATERNOS

E aqui estou com

COLAR UMA FOTO MINHA COM
OS AVÓS MATERNOS

Alguma lembrança do nosso primeiro encontro

Quantos amigos ao meu redor!

Quantas pessoas vieram me conhecer? Sou mesmo tão importante? Bem, vocês fizeram eu me sentir importante desde o primeiro dia.

Basta ver as fotos para perceber!

....

....

....

....

....

....

....

....

....

....

....

COLAR UMA FOTO MINHA COM AMIGOS OU PARENTES

COLAR UMA FOTO MINHA COM
AMIGOS OU PARENTES

COLAR UMA FOTO MINHA COM
AMIGOS OU PARENTES

Algumas fotos para lembrarmos dessa maravilhosa recepção.

COLAR UMA FOTO MINHA COM AMIGOS OU PARENTES

COLAR UMA FOTO MINHA COM AMIGOS OU PARENTES

COLAR UMA FOTO MINHA COM
AMIGOS OU PARENTES

Quantos rostos amáveis!

COLAR UMA FOTO MINHA COM
AMIGOS OU PARENTES

Quantos presentes!

Trouxeram muitos presentes
para mim: brinquedos,
roupinhas, tudo o que eu
preciso e até mais!
Quanta coisa bonita!

Eu ganhei

....

....

....

....

....

O meu brinquedo favorito

....

....

....

....

A minha roupinha favorita

....

....

....

....

COLAR UMA FOTO MINHA COM
OS MEUS BRINQUEDOS

Meu primeiro banho

Uma banheira cheia de bolhas, óleo perfumado e muito amor: esses são os ingredientes para um banho perfeito. Como foi o meu primeiro banho?

COLAR UMA FOTO DO MEU PRIMEIRO BANHO

Foi no dia

....

Eu gostei?

....

Quem me deu o primeiro banho

....

Tinha cheiro de

....

....

No médico

Além dos amigos e parentes, conheci também o meu pediatra, que controla meu crescimento e cuida de mim quando não estou muito bem.

O meu pediatra se chama

....

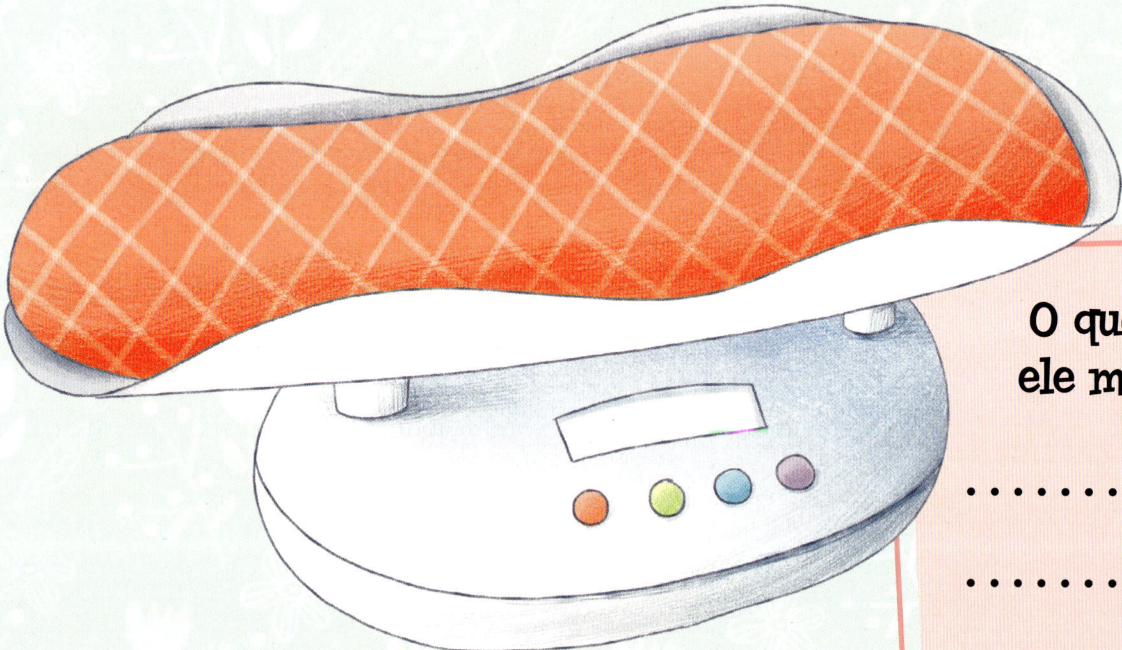

O que eu faço enquanto ele me pesa e me mede?

....

....

....

....

....

Eu gosto de ir ao médico?

....

....

....

....

....

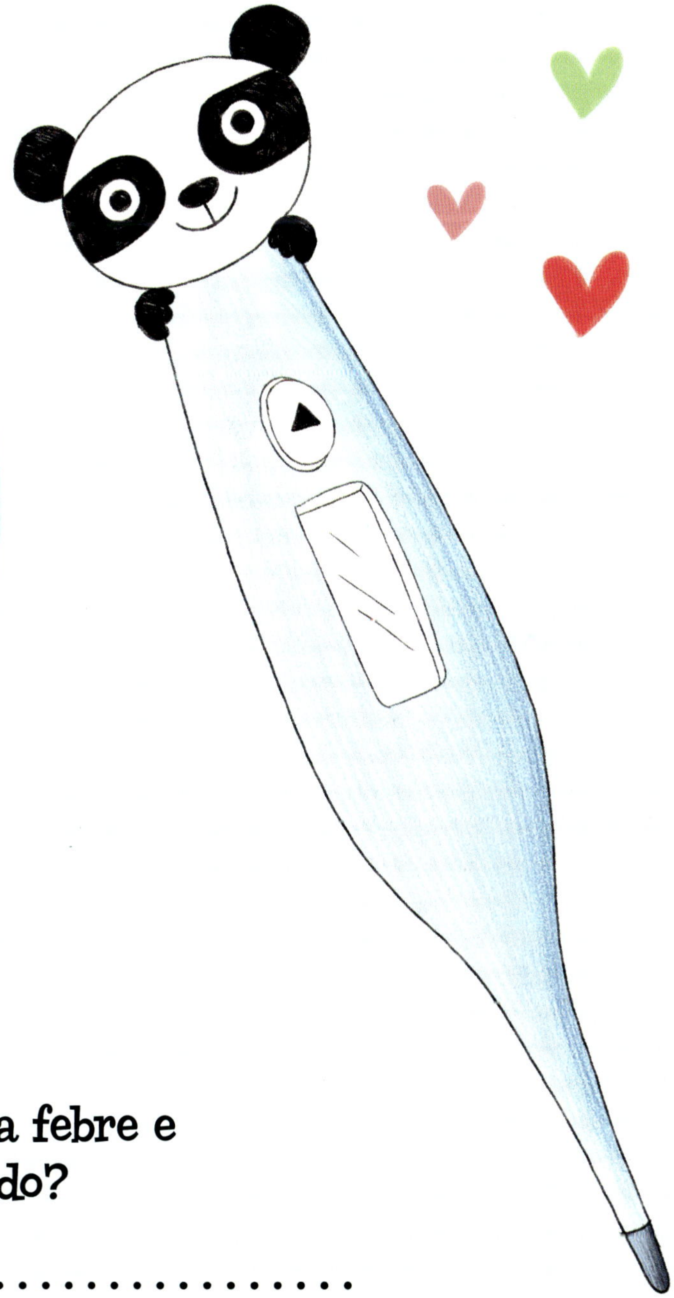

Quando tive minha primeira febre e meu primeiro resfriado?

....

....

....

....

Tantas primeiras vezes

Dia após dia, aprendi a fazer tantas coisas e surpreendi vocês com pequenas novidades. Vamos relembrar as minhas conquistas mais marcantes.

Os meus primeiros sons

....

....

....

O meu primeiro sorriso

....

....

....

COLAR UMA FOTO EM QUE EU SORRIO

A primeira vez que usei a chupeta

....

....

....

....

COLAR UMA FOTO MINHA
COM CHUPETA

COLAR UMA FOTO EM QUE
NOS OLHAMOS

A primeira vez em que os reconheci

....

....

....

....

A minha primeira palavrinha

....

Para quem eu disse?

....

....

....

Meu primeiro dentinho

....

....

COLAR UMA FOTO EM QUE SE VÊ MEU PRIMEIRO DENTINHO

A primeira vez que dormi a noite inteira

. . . .

COLAR UMA FOTO EM QUE ESTOU DORMINDO

A primeira vez que comi fruta

. . . .

. . . .

. . . .

COLAR UMA FOTO MINHA COM UMA FRUTA

Preparar, apontar... fogo!

Sempre me perguntei como faziam para caminhar, mas não imaginava a surpresa quando eu também comecei a andar! Claro que precisei treinar, mas que felicidade!

Pequenos grandes progressos!

Comecei a engatinhar em

....

O meu jeito de engatinhar era

....

....

Consegui ficar em pé em

....

Eu estava com

....

....

....

....

....

Dei meus primeiros passos em

....

Tombos e passinhos

Colar fotos em que engatinho e ando!

data ....

data ....

data ....

data ....

Hora da papinha

Depois de tanto leite gostoso, comecei a provar novos alimentos e a comer papinha. Eu gostava?

A minha papa favorita

....

....

....

....

....

....

O meu cardápio

....

....

....

....

....

....

....

....

....

....

Na mesa, eu tinha costume de

....

....

....

....

....

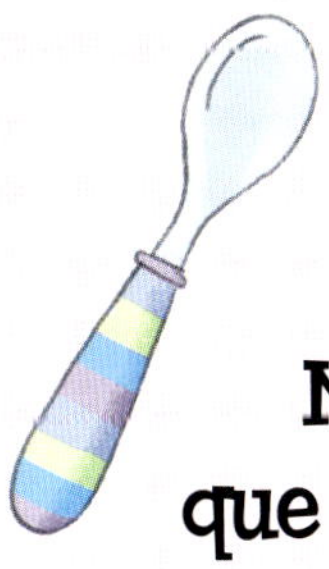

Nham,
que gostoso!

COLAR UMA FOTO EM QUE
EU COMO PAPINHA

Na escola

Cresço cada dia mais. Acredito que vocês se lembram muito bem dos meus primeiros dias na escola.
Contem-me como foi!

COLAR UMA FOTO DO MEU PRIMEIRO DIA NA ESCOLA

O nome da escola é

....

Eu fiquei feliz?

....

As minhas professoras se chamavam

....

....

....

Os meus brinquedos favoritos

....

....

....

O momento do dia que eu mais gostava

....

....

....

Eu e meus amigos

A amizade é maravilhosa em todas as idades! Eu logo percebi isso ou demorei um pouco? Não vejo a hora de vocês me contarem.

Os meus melhores amigos se chamavam

1 ....

2 ....

3 ....

Gostávamos de brincar de

....

....

....

COLAR UMA FOTO MINHA
COM OS MEUS AMIGOS

COLAR UMA FOTO MINHA
COM OS MEUS AMIGOS

Dando asas à imaginação

Quando nasci, os livros não me interessavam, e logo comecei a comer e a brincar. Quando vocês começaram a me contar histórias?

COLAR UMA FOTO MINHA
COM UM LIVRO

O meu primeiro livro foi

....

Os meus livros favoritos eram

....

....

....

Porque

....

....

Quem lia para mim

....

....

A minha música favorita

As suas músicas e a melodia da caixinha de música ou do meu móbile me acompanharam desde o primeiro dia.
Qual é a minha favorita?

COLAR UMA FOTO EM QUE ESCUTO MÚSICA

Caixinha de música, móbile ou rádio?
O que eu escutava?

....

....

A minha canção de ninar favorita era

....

O que eu fazia quando ouvia música?

....

....

....

Carrinho de bebê

Quantos meios de transporte eu usei! Carrinho de bebê, cadeirinha, andador, todos muito confortáveis e rápidos (graças a vocês, claro).

Eu usei o carrinho de bebê para

....

....

....

O meio de transporte favorito era

....

....

....

....

COLAR UMA FOTO MINHA NO MEU CARRINHO FAVORITO

Que gostoso passear com vocês!

Explorando o mundo

Que maravilha é viajar! Essas são apenas as primeiras aventuras que vivemos juntos e vale a pena recordar.

A primeira viagem de carro

....

....

....

....

Qual outro transporte andei primeiro?

- ◯ Avião
- ◯ Trem
- ◯ Barco
- ◯ ....

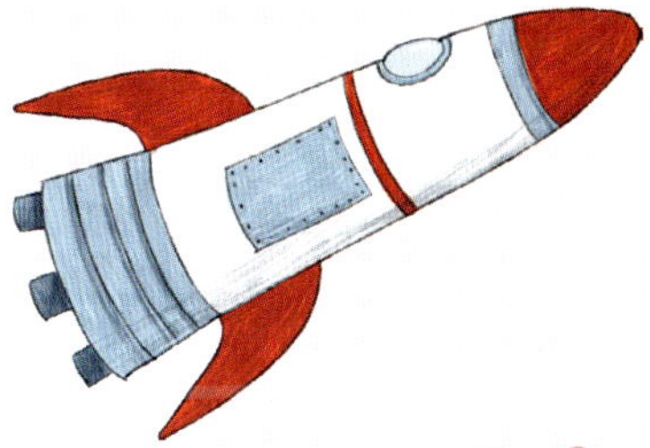

Para onde fomos?

....

....

....

Como eu me comportei?

....

....

....

Boa viagem!

Álbum de viagem

Colar nestas páginas algumas fotos da nossa viagem e das nossas lindas férias.

FOTO 1

data ....

lugar ....

FOTO 2

data ....

lugar ....

FOTO 3

data ....

lugar ....

FOTO 4

data

....

lugar

....

data

....

lugar

....

FOTO 5

FOTO 6

data

....

lugar

....

data

....

lugar

....

FOTO 7

O meu batismo

Esse dia feliz e importante
foi festejado com
muito amor.
Como foi esse dia?

COLAR UMA FOTO DO MEU BATISMO

Foi no dia

....

E estávamos em

....

O meu padrinho e a minha madrinha eram

....

....

....

Foram convidados

....

....

....

....

Festejamos assim

. . . .

. . . .

. . . .

. . . .

. . . .

. . . .

. . . .

COLAR UMA FOTO DO MEU BATISMO

COLAR UMA FOTO DO MEU BATISMO

COLAR UMA FOTO DO MEU BATISMO

Eu ganhei

....

....

....

....

....

....

....

COLAR UMA FOTO DO MEU BATISMO

Feliz aniversário para mim!

Que conquista importante! Depois de nove meses na barriga da mamãe, estou com vocês há um ano! É hora de festejar...

COLAR UMA FOTO DO MEU PRIMEIRO ANIVERSÁRIO

Que festa inesquecível!

Foram convidados

Quando eu vi o bolo

Lista dos presentes

COLAR UMA FOTO DO MEU
PRIMEIRO ANIVERSÁRIO

COLAR UMA FOTO DO MEU
PRIMEIRO ANIVERSÁRIO

COLAR UMA FOTO DO MEU
PRIMEIRO ANIVERSÁRIO

COLAR UMA FOTO DO MEU
PRIMEIRO ANIVERSÁRIO

Feliz Natal para nós!

O primeiro Natal é inesquecível! Aromas, sabores e sentimentos especiais que guardarei para sempre no meu coração, principalmente porque eu os dividi com vocês!

COLAR UMA FOTO DO MEU PRIMEIRO NATAL

COLAR UMA FOTO DO MEU PRIMEIRO NATAL

Nós festejamos com

....

....

....

Fantasias, que paixão!

O que eu fiz quando vesti minha primeira fantasia? Eu chorei ou estava feliz? Como eu reagi?

COLAR UMA FOTO DA MINHA PRIMEIRA FANTASIA

Eu estava de

....

....

Eu me senti

....

....

....

Quem escolheu a minha fantasia?

....

....

....

Surpresa de Páscoa

Com vocês as festas não têm fim. Quando eu crescer, vou entender melhor. Mas o que importa é estarmos juntos. Aqui estão algumas recordações da minha primeira Páscoa.

COLAR UMA FOTO DA MINHA PRIMEIRA PÁSCOA

Eu ganhei ovo?

....

....

....

....

....

Que surpresa eu encontrei?

....

....

....

....

....

COLAR UMA FOTO DA MINHA PRIMEIRA PÁSCOA

Pequenas grandes conquistas

Recortem os cartões das páginas seguintes, coloquem junto a mim e tirem muitas fotos para recordar algumas das mais importantes etapas do nosso primeiro ano juntos. No envelope do final do álbum, vocês poderão guardar o carimbo dos meus pés, minhas mãos e as fotos mais bonitas!

Eu dormi a noite toda

A minha primeira papinha

Meus primeiros passos

Hoje
completo 1
ano